AF438690

NOELS NOUVEAUX

POUR LE TEMPS DE L'AVENT

NOËL EN FORME DE DIALOGUE

AIR *connu.*

MARIE.

Joseph, mon cher fidèle,
Cherchons un logement,
Le temps presse et m'appelle
A mon accouchement ;
Je sens le fruit de vie
Ce cher enfant des cieux,
Qui d'une sainte vie,
Veut paraître à nos yeux.

JOSEPH.

Dans ce triste équipage,
Marie, allons chercher
Partout le voisinage
Un endroit pour loger.
Ouvrez, voisins, la porte,
Ayez compassion
D'une Vierge qui porte
Votre rédemption.

LES VOISINS DE BETHLÉEM.

Holà ! dans la bourgade.
Craignons trop les dangers
Pour donner la passade
A des gens étrangers ;
Au logis de la lune
Vous n'avez qu'à loger ;
Le chien de la commune
Pourrait bien se venger.

MARIE.

Ah ! changez de langage.
Peuple de Bethléem,

Dieu vient chez vous pour gage ;
Hélas ! ne craignez rien,
Mettez-vous en fenêtre,
Ecoutez ce dessein :
Votre Dieu, votre maître
Doit sortir de mon sein.

LES VOISINS DE BETHLÉEM.

Non, quelque stratagème
Peut arriver la nuit,
Ou le tour du Bohême,
Quand le soleil ne luit,
Sans voir ni clair ni lune,
Les méchants font leurs coups ;
Gardez votre fortune,
Passants, retirez-vous.

JOSEPH.

O ciel ! triste aventure,
Sans trouver un endroit,
Dans ce temps de froidure,
Pour coucher sous le toit ;
Créature barbare,
Ta rigueur lui fait tort,
Ton cœur déjà prépare
Avant d'être à sa mort.

MARIE.

Puisque la nuit s'approche,
Pour nous mettre à couvert,
Ah ! fuyons de reproche,
J'aperçois un désert
En forme de cabane ;
Allons, mon cher époux,
J'entends le bœuf et l'âne
Qui nous seront plus doux.

JOSEPH.

Que ferons-nous, Marie,
Dans un si méchant lieu,
Pour conserver la vie
Du petit enfant Dieu ?
Le monarque des anges
Doit-il naître si mal ?
Sans feu, sans draps, sans langes,
Ni sans palais royal.

MARIE.

Le ciel, je vous assure,
Pourra nous secourir ;
Je porte bon augure,
Sans crainte de périr,
J'entends déjà les anges
Qui font d'un ton joyeux
Retentir les louanges
Sous la voûte des cieux.

JOSEPH.

O l'heureuse retraite !
Plus noble mille fois,
Plus riche et plus parfaite
Que le louvre des rois !
Logeant un Dieu fait homme,
L'auteur du paradis,
Que le prophète nomme
Le Messie promis.

MARIE.

J'entends le coq qui chante,
C'est l'heure de minuit,
O ciel ! un Dieu m'enchante,
Je vois mon sacré fruit,
Je pâme, je meurs d'aise,
Venez, mon bien-aimé,
Que je serre et vous baise,
Mon cœur en est charmé.

JOSEPH.

Vers Joseph votre père,
Nourrisson plein d'appas,
Du sein de votre mère
Venez entre mes bras.
Ah ! que je vous caresse,
Victime des pécheurs ;
Mêlons, mêlons sans cesse
Nos soupirs et nos pleurs.

II

Air : *Laissez paître vos bêtes.*

Venez, divin Messie,
Sauvez nos jours infortunés ;

Venez, source de vie,
Venez, venez, venez.

Ah ! descendez, hâtez vos pas,
Sauvez les hommes du trépas,
Secourez-nous, ne tardez pas.
  Venez, etc.

Ah ! désarmez votre courroux ; -
Nous soupirons à vos genoux,
Seigneur, nous n'espérons qu'en vous,
  Venez, etc.

Que nous souffrons de divers maux,
L'affreux démon nous tient aux fers,
Nous gémissons dans les enfers,
  Venez, etc.

Eclairez-nous, divin flambeau ;
Parmi les ombres du tombeau
Faites briller un jour nouveau.
  Venez, etc.

Que nos soupirs soient entendus ;
Les biens que nous avons perdus,
Ne nous seraient-ils pas rendus,
  Venez, etc.

Si vous voulez en ces bas lieux,
Nous vous verrons victorieux,
Fermer l'enfer, ouvrir les cieux.
  Venez, etc.

Ah ! puissions-nous chanter un jour,
Dans votre bienheureuse cour,
Et votre gloire et votre amour.
  Venez, etc.

III

Air connu.

A la revue de Noël,
Chacun se doit bien réjouir ;
Car c'est un testament nouvel,
Que tout le monde doit tenir.

Quand, par son orgueil, Lucifer
Dedans l'abîme trébucha,
Nous allions tous en enfer;
Mais le fils de Dieu nous racheta.

Dedans la Vierge s'incarna,
Et dans son corps voulut gésir,
La nuit de Noël enfanta,
Sans peine et sans douleur souffrir.

Incontinent que Dieu fut né,
L'ange l'alla dire aux pasteurs,
Lesquels se prirent à chanter
Un chant qui était gracieux.

Incontinent après ce temps,
Trois rois le vinrent adorer,
Lui apportant myrrhe et encens,
Et or qui est fort à louer.

A Dieu le vinrent présenter,
Et quand ce vint au retourner,
Trois jours et trois nuits sans cesser,
Hérode les fit pourchasser.

Une étoile les conduisait,
Qui venait de vers Orient,
Qui à l'un et l'autre montrait
Le chemin droit en Bethléem.

Nous devons bien certainement
La voir et le chemin tenir;
Car elle nous montre vraiment
Où Notre-Dame doit gésir.

Là virent le doux Jésus-Christ
Et la Vierge qui le porta;
Celui qui tout le monde fit
Et les pécheurs ressuscita.

Bien a paru qu'il nous aima
Quand à la croix par nous fut mis,
Dieu le Père qui tout créa,
Nous donne à tous le paradis.

Prions-le tous qu'au dernier jour,
Quand tout le monde doit finir,
Que nous puissions aucun de nous,
Nulle peine d'enfer souffrir.

Amen, Noël, Noël, Noël;
Je ne me pourrais tenir,
Que je ne chante Noël,
Quand je vois mon Sauveur venir.

IV

AIR : *J'endève, j'endève, j'endève.*

Satan, depuis cinq mille ans,
Plus fin qu'Adam et qu'Ève,
Voit le terme de son temps,
Et je crois, dans ces avens,
Qu'il crève, qu'il crève, qu'il crève.

Il n'avait que trop régné
Sans nous donner de trêve,
Mais Jésus ayant dagné
Naître en ce temps désigné,
Il crève, il crève, il crève.

Les saints Pères sont ravis,
Leur prison sera brève,
Ils auront le paradis,
Et Satan déchu tandis,
En crève, en crève, en crève.

Afin que Jésus aussi
Avec eux nous enlève,
Vivons saintement ici;
N'ayons de Satan souci,
Il crève, il crève, il crève.

L'arbre du fruit défendu
Pousse une bonne séve;
Jésus en est descendu,
Et le démon confondu
En crève, en crève, en crève.

Le péché ferme le ciel,
La grâce nous relève;
Chantons de bon cœur Noël,
Pendant que Satan cruel
En crève, en crève, en crève.

V

SUR LA NAISSANCE DE NOTRE-SEIGNEUR JÉSUS-CHRIST (1)

Air : *Dans le bel âge.*

Dans cette étable
Que Jésus est charmant !
Qu'il est aimable
Dans son abaissement !
Que d'attraits à la fois !
Tous les palais des rois
N'ont rien de comparable
Aux beautés que je vois
Dans cette étable.

Que sa puissance
Paraît bien en ce jour,
Malgré l'enfance
Où le réduit l'amour !
Notre ennui dompté,
L'enfer déconcerté,
Font voir qu'à sa naissance
Rien n'est si redouté
Que sa puissance.

Sans le connaître,
Sous son humilité
Je vois paraitre
Toute sa majesté ;
Dans cet enfant qui naît,
Par un divin attrait,
Je découvre mon maître
Et Jésus ce qu'il est
Sans le connaître.

Plus de misère,
Un Dieu souffre pour nous,
Et de son père
Désarme le courroux.
C'est en notre faveur
Qu'il naît dans la douleur ;
Pouvait-il, pour nous plaire,

(1) Ce noël est de l'illustre archevêque de Cambrai, M. de Fénelon.

Unir à sa grandeur
  Plus de misère?

  S'il est sensible,
Ce n'est qu'à nos malheurs;
  Le froid pénible
Ne cause point ses pleurs.
Après tant de bienfaits,
Notre cœur, aux attraits
D'un amour si visible,
Doit céder désormais,
  S'il est sensible.

  Que je vous aime!
Peut-on voir vos appas,
  Beauté suprême,
Et ne vous aimer pas?
Puissant maître des cieux,
Brûlez-moi de ces feux
Dont vous brûlez vous-même,
Ce sont là tous mes vœux!
  Que je vous aime!

VII

SENTIMENTS D'UN JEUNE BERGER A LA VUE DE JÉSUS NAISSANT

Air : *L'avez-vous vu, mon bien-aimé, etc.*

  Divin Sauveur,
  Enfant pasteur,
Que ta beauté m'enchante!
  En te voyant
  Mon cœur se rend
A ta douceur charmante.

  Non, selon moi,
  Un fils de roi.
Ne fut jamais beau comme toi;
  Non, les couleurs
  Des vives fleurs
De nos prés, de nos rives,

  Ne valent pas
  Les saints appas
De tes grâces naïves,

Nous ne pouvons t'offrir nos dons,
Mais du moins nous t'adorerons,
   Nous te louerons,

   Te servirons,
   Nous t'aimerons ;
   Déjà je t'aime
Plus tendrement que moi-même,
   Divin Sauveur, etc.

Que n'avons-nous dans le hameau
De quoi porter à ton berceau !
   Dans le troupeau
   J'ai mon agneau
   Qui devient beau :
   Je te le donne,

Avec mon cœur, ma personne.
   Divin Sauveur, etc.

VIII

LES BERGERS INVITÉS A CHANTER LA NAISSANCE DU SAUVEUR DU MONDE

AIR : *Eh quoi ! tout sommeille ? etc.*

Votre divin maître,
Bergers, vient de naître ;
   Rassemblez-vous,
Volez à ses genoux.
Aux hymnes des anges
Mêlez vos louanges,
   De vos concerts
Remplissez l'univers.

LE CHŒUR.

Notre divin maître
Pour nous vient de naître,
   Rassemblons-nous,
Volons à ses genoux,
Aux hymnes des anges
Mêlons nos louanges ;
   De nos concerts
Remplissons l'univers.

Tendre victime,
Sauveur magnanime,
Il vient de tout crime
Laver les pécheurs;
    Mais les prémices
De ses dons propices
Et de ses faveurs,
Sont pour les pasteurs.
Notre divin maître, etc.

O qu'il est puissant,
Auguste, adorable!
Mais qu'il est affable,
Humain, doux, aimable!
Ce Dieu fait enfant!
Qu'il est beau, qu'il est grand,
Qu'il est bienfaisant,
    Qu'il est charmant!
Notre divin maître, etc.

A ce Dieu qui vous aime
Venez sans frayeur,
Vos agneaux même
N'ont point sa douceur;
La timide innocence,
La simple candeur,
L'humble indigence,
Plaisent à son cœur;
Pour être à vous semblable
Il naît dans une étable,
Il habite un hameaux,
Une crèche fait son berceau;
A vous que tout s'unisse,
Que dans ce saint jour
    Tout retentisse
De vos chants d'amour.
Pour lui, musette tendre,
Haut-bois, chalumeaux,
    Faites entendre
Vos sons les plus beaux.
Notre divin maître, etc.

IX

LES FRUITS DE LA NAISSANCE DE NOTRE-SEIGNEUR JÉSUS-CHRIST

Air : *C'est la fille à Simonnette.*

Célébrons le roi de gloire
Par l'accord de nos concerts,
Et des chants de sa victoire
Faisons retentir les airs.
Qu'à bénir Dieu tout s'empresse
Dans ce jour si fortuné;
Livrons-nous à l'allégresse,
Un Rédempteur nous est né.

L'homme devenu rebelle
Avait mérité la mort,
D'une misère éternelle
Il devait subir le sort.
Le démon sous sa puissance
Retenait tout l'univers,
Si cette heureuse naissance
N'avait dû briser nos fers.

Du ciel la juste colère
Va se calmer désormais :
Le fils unique du père
Vient nous apporter la paix.
Pour remettre notre offense,
Quittant son trône éternel,
Ce Dieu vient sous l'apparence
D'un homme faible et mortel.

Quelle merveille ineffable !
L'Eternel, le Tout-Puissant,
Est couché dans une étable
Sous la forme d'un enfant.
Mais si cet auguste maître
Nous cache sa majesté,
Ah! qu'il nous fait bien paraître
Son immense charité !

Il nous élève, et lui-mème
Il daigne s'anéantir;
Par son indigence extrême
Il cherche à nous enrichir.
Les souffrances qu'il endure

Mettront fin à nos malheurs ;
Pour laver notre âme impure
Ses yeux répandent des pleurs.

Trop souvent pour nous le crime
Avait été plein d'appas,
Un amour plus légitime
Va conduire tous nos pas,
Revenez, belle innocence,
Descendez encor des cieux ;
Qu'à votre aimable puissance
Le péché cède en tous lieux.

Accourons tous à la crèche,
Portons nos yeux sur Jésus,
Déjà sans parler il prêche
La pratique des vertus.
Bienheureux l'œil qui contemple
L'état de ce Dieu naissant !
Oh ! pour nous que son exemple
Est un exemple pressant !

Le Dieu Verbe, dès l'enfance,
De l'orgueil doit nous guérir ;
Le Dieu saint, dans la souffrance,
Doit nous apprendre à souffrir.
En voyant dans une étable
Naître son Rédempteur,
Que de tout bien périssable
L'homme détache son cœur.

Saint enfant, divin Messie,
Verbe fait homme pour nous,
Vous nous apportez la vie ;
Ah ! que ferons-nous pour vous ?
A vous seul, maître adorable,
Nous nous donnons en ce jour ;
Vous ferez, Seigneur aimable,
Tout l'objet de notre amour.

X

AIR *des feuillantines.*

L'on m'a dit que cette nuit, à minuit,
Une Vierge avait produit
Son père et son fils ensemble ;
Annette que vous en semble ?

Cela beaucoup me surprend à présent,
    Et du tout rien n'y comprends.
    Qui vous a dit la nouvelle
    Qu'une mère soit pucelle?

Tu ne sais donc le discours, mon amour,
    Qu'a fait l'ange au point du jour,
    Aux bergers de la prairie,
    Que Jésus avait pris vie.

Je ne puis sur ce sujet, en effet,
    Comprendre ce qui s'est fait,
    Qu'une fille soit la mère
    De celui qui est son père.

C'est un mystère des cieux, que nos yeux
    Ne comprennent en ces lieux;
    Mais quelque jour dans la gloire,
    Nous verrons ce qu'il faudra croire.

Je sens déjà, chère sœur, que mon cœur
    Est épris pour le Sauveur;
    Dites-moi donc, Guillemette,
    Quel palais est sa retraite?

L'ange dit qu'assurément, pauvrement
    Il avait son logement,
    Ce qui paraît bien contraire
    A tous les rois de la terre.

Il n'a donc pas des châteaux des plus beaux,
    Ni quelques palais royaux,
    Ni des gardes à sa porte,
    Comme son mérite porte?

Penses-tu que ce Seigneur, dans l'honneur
    Pose ici-bas sa grandeur?
    Dans l'humilité profonde
    Ici-bas sa gloire il fonde.

Mais encore dites-moi, ce grand roi
    A-t-il quelque bel arroi?
    N'a-t-il pas en broderies
    De riches tapisseries?

L'on voit dans son logement, seulement,
    Pour son plus bel ornement,
    Pour un berceau, une crèche,
    Et un peu de paille fraîche.

Chère sœur, que dites-vous, entre nous?
    C'est donc un Seigneur bien doux:

Je désirerais bien être
Au service d'un tel maître.

Ce Seigneur est si puissant, que son temps
N'a ni fin ni commencement,
C'est un tout, qui sans limite,
Comprend tout par son mérite.

Allons lui offrir nos cœurs, comme sœurs,
Ils sont dus à ses grandeurs!
Allons présenter hommage
A un si grand personnage.

Il a son père éternel, comme tel,
Qui d'un soin continuel
Hors de soi il se l'engendre;
Mais on ne peut le comprendre.

Ce sont mystères pour moi, que je dois
Voir des yeux de notre foi;
Je suis une pauvre fille
Qui ne suis pas bien habile.

Par un acte de transport, sans effort,
Mais d'un merveilleux accord,
Le fils sort du sein du père,
De tout temps sans avoir mère.

C'est donc beaucoup de bonheur et d'honneur
Que nous fait ce grand Seigneur;
Puisqu'il nous préfère aux anges,
Rendons-lui mille louanges.

Il est vrai qu'il a quitté la cité,
Pleine de félicité,
Pour s'unir à la nature
Et sauver la créature.

Ah! déjà le cœur me fend, que l'enfant
Je ne vois tout triomphant.
Dépêche donc, Guillemette,
Pour moi, je suis toute prête.

Allons donc ensemblement, hardiment,
Je ferai mon compliment;
Il excusera la faiblesse
De l'esprit en ma jeunesse.

Annette, voilà le lieu où ce Dieu
Est si miséricordieux;
Annette, voilà l'étable
Où gît ce Dieu adorable.

Ma sœur, qui est ce vieillard, à l'écart,
    Qui d'un visage gaillard,
    Par des souris fait la chère
    Et au fils et à la mère?

C'est son père nourricier, charpentier,
    Qui du gain de son métier
    Donné par la Providence,
    Doit élever son enfance.

Hélas! je vois le poupon bien mignon,
    Qui est dessus le giron
    De Marie qui l'allaite,
    Baise-le donc, Guillemette.

Prosternée à vos genoux, mon époux,
    Jetez donc les yeux sur nous,
    Vous voyant, mon cœur se pâme,
    Je suis prêt à rendre l'âme.

O profonde humilité, Déité!
    Vous cachez vos qualités,
    De puissant Dieu du tonnerre,
    Qui a créé ciel et terre.

Echauffez de votre ardeur, mon Sauveur,
    Tous les hélas! de mon cœur,
    Et que votre amour m'enflamme,
    Et consomme ma pauvre âme.

Digne mère, qui tenez, gouvernez
    Ce petit roi nouveau-né.
    Présentez-lui ma requête,
    Et que notre paix soit faite.

XI

Air : *Un jour Pierrot dit, etc.*

Voisin, d'où venait ce grand bruit,
Qui m'a réveillé cette nuit,
Et tous ceux de ce voisinage?
Vraiment j'étais bien en courroux,
D'entendre partout le village,
Sus, sus, bergers, réveillez-vous. (*Bis*)

Quoi donc, Collin, ne sais-tu pas
Qu'un Dieu vient de naître ici-bas,
Qu'il est logé dans une étable?
Il n'a ni linges, ni drapeaux,

Et dans cet état misérable
On ne peut rien voir de plus beau. (*Bis*)

Qui t'a dit, voisin, qu'en ce lieu
Voudrait bien s'abaisser un Dieu,
Pour qui rien n'est trop magnifique !
Les anges nous l'ont fait savoir
Par cette charmante musique,
Qui s'entendit hier tout le soir. (*Bis*)

Plusieurs y sont déjà courus.
Quelques-uns en sont revenus,
Et disent que c'est le Messie :
Que c'est cet aimable Sauveur,
Qui selon notre prophétie
Nous doit causer tant de bonheur. (*Bis*)

Allons donc, bergers, il est temps ;
Allons lui porter nos présents,
Et lui faire la révérence ;
Voyez comme Jeannot y va,
Suivons-le tous en diligence,
Et nos troupeaux laissons-les là. (*Bis*)

Sans plus tarder allons donc tous,
Allons saluer à genoux,
Notre Seigneur et notre maître ;
Et dans cet aimable séjour
Où pour nous l'amour l'a fait naître,
Allons pour lui mourir d'amour. (*Bis*)

Après avoir fait nos présents,
Avec de petits compliments,
Autour de lui tout en cadence,
Nous lui chanterons le bonsoir,
Et lui ferons la révérence ;
Adieu poupon, jusqu'au revoir. (*Bis*)

Ah ! Colin, ah ! que dis-tu là !
Il ne faut pas faire cela,
J'aimerais mieux perdre la vie ;
Restons toujours dans ce saint lieu,
Tenons-lui toujours compagnie,
Et ne disons jamais adieu. (*Bis*)

Pour moi, je suis plutôt d'avis
De retirer ce petit fils
De l'étable en ma maisonnette,
Où j'ai préparé sur deux bancs,
Un lit en forme de couchette,
Et des linceuls qui sont tout blancs. (*Bis*)

Je vais faire tout de mon mieux
Pour le retenir en ces lieux,
Et Joseph avec Marie ;
Quand ils seront tous trois chez moi,
Ma maison sera plus jolie
Que le palais du plus grand roi. (*Bis*)

Dès aujourd'hui dans ce dessein,
Sans attendre jusqu'à demain,
Je veux quitter ma bergerie,
Et j'abandonne mon troupeau,
Pour mieux garder toute ma vie,
Dans ma maison ce seul agneau. (*Bis*)

XII

LES PASTEURS DE BETHLÉEM

TÉMOIGNENT LE ZÈLE QUI LES ANIME A ALLER RENDRE
LEUR HOMMAGE AU RÉDEMPTEUR DES HOMMES.

AIR : *Laissez paître vos bêtes.*

Quittons la bergerie,
Fût-elle à la merci des loups,
Pour voir près de Marie,
Un Dieu naissant pour nous.

Allons, pasteurs, ne tardons point,
Un bien si cher, si plein d'appas,
Ne saurait trop hâter nos pas,
Quittons la bergerie, etc.

Que nos tambours, que nos hautbois,
Réveillent les échos des bois,
Et les unissent à nos voix.
Oiseaux de nos bocages,
Et des bocages d'alentour,
Commencez vos ramages,
N'attendez pas le jour.

Que tout s'accorde en ce moment,
Que la terre et le firmament
Marquent un même empressement ;
Que tous les chœurs des anges
Rendent hommage au Créateur,
Et nous par nos louanges,
Chantons le Rédempteur.

Que ce grand jour comble nos vœux ;
Plongés dans un abîme affreux

Nous en sortons pour être heureux.
   Ce merveilleux ouvrage
Est de l'amour le noble effort,
   C'est lui qui du naufrage
   Nous a remis au port.

Aimons un Dieu si plein d'appas,
L'amour vers nous conduit ses pas,
Pourquoi ne l'aimerions-nous pas ?
   Brûlons des mêmes flammes
Dont brûle ce divin amant;
   Qu'il règne dans nos âmes
   Jusqu'au dernier moment.

XIII

Air : *O Filii et Filiæ.*

Si Dieu vint au monde aujourd'hui,
Courons tous au-devant de lui,
Et chantons d'un air solennel,
   Noël, Noël.

Quoiqu'il ne soit qu'un pauvre enfant,
C'est pourtant un Dieu triomphant,
Envoyé du Père éternel.
   Noël, Noël.

N'eut-il pas beaucoup de bonté
De prendre notre humanité,
Et d'être né homme mortel ?
   Noël, Noël.

   Lorsqu'en l'étable on l'aperçut,
Pour Dieu peu de monde le crut;
Car il ne paraissait pour tel.
   Noël, Noël.

S'il fut reconnu pour Sauveur,
Ce fut seulement du pasteur
Qui vint chanter dans son hôtel
   Noël, Noël.

   Trois rois avec beaucoup de soin,
Partirent aussi de bien loin,
Pour lui dédier un autel.
   Noël, Noël.

Pour les conduire en ce saint lieu,
Par l'ordre de cet Homme-Dieu,

Un astre marcha dans le ciel.
    Noël, Noël.

Pour solenniser ce saint jour,
Qui doit nous enflammer d'amour,
Chantons ce cantique immortel,
    Noël, Noël.

XIV

Air : *Vous m'entendez bien.*

Enfin, amour, vous l'emportez.
Sur le cœur d'un Dieu irrité,
  Notre paix est conclue,
    Vraiment.
  C'est chose résolue,
  Dieu s'est fait enfant.

L'ange du Seigneur va chantant,
Je vous annonce qu'un enfant
  Est né dans une étable,
    Allez,
  C'est chose véritable,
  Vous l'y trouverez.

Çà, çà, mettons fin à nos pleurs,
Voici la fin de nos malheurs,
  Grâce à la clémence,
    D'un Dieu,
  Lequel a pris naissance
  Dans ce pauvre lieu.

Homme, reconnais la faveur
Que te fait ce Rédempteur,
  Car étant misérable,
    Pécheur,
  Ce Sauveur adorable
  Te met en honneur.

O quel excès de charité,
Mais aussi quelle humilité,
  Dieu veut bien se faire homme,
    Hélas!
  Pour faire un Dieu de l'homme
  Qui ne l'aime pas.

Ce Dieu couvrant sa majesté
Du voile de l'humanité,
  Devient notre semblable;

Amour,
Tu nous est favorable
Dans cet heureux jour.

Amour divin, tu nous fais voir,
Qu'il faut céder à ton pouvoir;
Il est temps de se rendre,
Mon cœur,
A cet amour si tendre
De ce bon Sauveur.

XV

AIR : *Oh! réguingué, oh! lon, lan la.*

LE BERGER PIERROT.

J'entends un grand bruit dans les airs,
J'entends un grand bruit dans les airs,
Colin écoute ces concerts,
Tout retentit dans nos déserts,
Voyons quelle est cette merveille,
En fut-il jamais de pareille?

COLIN.

Pierrot, je suis tout étonné (*Bis*)
Au bruit je me suis réveillé,
Et mon esprit émerveillé
Non plus que vous ne peut comprendre
Ce que le ciel veut nous apprendre

PIERROT.

Colin, au milieu de la nuit, (*Bis*)
Je vois le soleil qui reluit,
Il semble que tout reverdit;
Sachons ce que cela veut dire
Quelqu'un pourra nous en instruire.

COLIN.

J'aperçois le berger Clément, (*Bis*)
Qui court avec empressement,
Dis-lui qu'il arrête un moment,
Il nous dira quelque nouvelle,
Il en sait toujours des plus belles.

PIERROT.

Clément, où courez-vous si fort? (*Bis*)
Et qui vous cause ce transport?

Dites-le-nous; votre rapport
Calmera notre inquiétude,
En nous tirant d'incertitude.

CLÉMENT

Ne savez-vous pas qu'en ces lieux *(Bis)*
Un ange est descendu des cieux,
Qui nous a dit d'un ton joyeux :
Ecoutez-moi, troupe fidèle,
J'apporte une bonne nouvelle.

PIERROT.

Clément, nous n'avons rien appris, *(Bis)*
Un doux sommeil nous a surpris,
Ainsi nous n'avons rien compris;
Le sujet de tant d'allégresse,
Dites-le-nous, rien ne nous presse.

CLÉMENT.

Cet ambassadeur ravissant *(Bis)*
Nous a dit que le Tout-Puissant,
Pour nous sauver, s'est fait enfant.
Et qu'à la pauvreté des langes
On connaîtra ce roi des anges.

Enfin il nous a dit à tous, *(bis)*
Ce bel enfant est né pour nous;
Or sus, bergers, dépêchons-nous,
Ne différons pas davantage,
Allons de cœur lui rendre hommage.

De nos troupeaux laissons le soin, *(Bis)*
Pour aller voir dans le besoin
Notre Dieu couché sur du foin,
Sans lit, sans bois, sans couverture,
Au coin d'une vieille masure.

PIERROT.

Clément, puisque ce nouveau-né *(Bis)*
Est comme un pauvre infortuné,
De tout le monde abandonné,
Et que sur la paille il repose,
Il faut lui donner quelque chose.

CLÉMENT.

Adrien, ce jeune berger, *(Bis)*
Porte des œufs dans un panier,
Commère Jeanne, un oreiller,
Des draps et une couverture,
Pour qu'il ne soit point sur la dure.

Robin lui porte son manteau, (*Bis*)
Et notre voisine un gâteau.
Pour moi, j'ai pris un tendre agneau,
Le plus gras de ma bergerie,
Pour porter au fils de Marie.
Notre Catin, toute de cœur, (*Bis*)

Nous suit et porte avec honneur,
Du fruit, du lait, un peu de fleurs;
Car ce Dieu réduit à l'enfance,
Manque de tout à sa connaissance.

PIERROT.

Que ne puis-je aussi faire un don! (*Bis*)
Mais, hélas! je n'ai rien de bon
Pour présenter à ce poupon,
Qu'un peu de beurre et de fromage,
Que produit mon petit ménage.

COLIN.

Pour moi, je ne fais pas le fin, (*Bis*)
Je suis pauvre et n'ai pour butin
Qu'un faix de bois que ce matin
J'ai serré dans le voisinage;
Il l'aura tout et sans partage.

CLÉMENT.

Ne vous apercevez-vous pas (*Bis*)
Qu'on est rendu? doublons le pas;
Silence, causeurs, parlez bas,
Peut-être que l'enfant sommeille,
Il ne faut pas qu'on le réveille.

PIERROT.

Qui de nous ira le premier? (*Bis*)
J'aperçois le grand Olivier,
Ce bon vieillard sait son métier,
Il parlera mieux que nul autre,
C'est mon avis, est-ce le vôtre?

CLÉMENT.

Sans doute, ce sage vieillard, (*Bis*)
Pourvu qu'il ne soit pas trop tard,
Dira le mieux, et de ma part,
Je ne suis point un trouble-fête,
Je consens qu'il marche à la tête.

Maître Olivier, dépêchez-vous, (*Bis*)
Vous êtes député de tous,

Comme ayant plus d'esprit que nous,
Pour entretenir notre maître,
Au nom de la troupe champêtre.

OLIVIER.

Bergers, ce sera mon plaisir, (*Bis*)
Je n'ai pas de plus grand désir
Que de contempler à loisir
Un Dieu qui, pour sauver les hommes,
S'est fait mortel comme nous sommes.

Chers amis, ne différons pas, (*Bis*)
Ah! je le vois entre les bras
D'une vierge pleine d'appas,
Qui le chérit et le caresse,
Avec une extrême tendresse.

PIERROT.

Je suis saisi d'étonnement (*Bis*)
Voyant l'étrange abaissement
Du souverain du firmament;
Olivier, entre au plus vite,
Adore-le en son pauvre gîte.

OLIVIER, AU PIED DE LA CRÈCHE.

Nous voici, mon divin Sauveur, (*Bis*)
Prosternés d'esprit et de cœur,
Pour adorer votre grandeur;
Recevez nos profonds hommages,
Nous voulons tous être à vos gages.

Nous sommes de simples bergers, (*Bis*)
Que de célestes messagers
Ont fait quitter champs et vergers
Pour venir vous voir dans la crèche,
Couché sur de la paille sèche.

Seigneur, dans nos besoins pressants, (*Bis*)
Recevez nos petits présents,
Et pour que nous soyons contents,
Daignez nous bénir, je vous prie,
Vous et l'adorable Marie.

XVI

AIR *joyeux*.

Laissez paître vos bêtes,
Pastoureaux, par monts et par vaux,

Laissez paître vos bêtes,
Et allons chanter Nau.

J'ai ouï chanter le rossignol
Qui chantait un chant nouveau,
Si haut, si beau, si raisonneau,
Il me rompait la tête,
Tant il chantait et caquetait ;
J'ai donc pris ma houlette,
Pour aller voir Naulet,
Laissez paître vos bêtes, etc.

Je m'enquis au berger Naulet,
As-tu ouï le rossignolet,
Tant joliet, qui gringottait
Là-haut sur une épine ?
Oui, dit-il, je l'ai ouï,
J'en ai pris ma boussine,
Et m'en suis réjoui.
Laissez paître vos bêtes, etc.

Nous dîmes tous une chanson,
Les autres y accourent au son ;
Or sus, dansons ; prends Alison,
Je prendrai Guillemet,
Margot, qui prendra Guillot ?
Qui prendra Perronnelle ?
Ce sera Taillebot.
Laissez paître vos bêtes, etc.

Ne dansons plus, nous tardons trop,
Pensons d'aller, courons le trop ;
Viens-tu, Margot ? J'entends Guillot ;
J'ai rompu ma couriette,
Il faut r'habiller mon sabot ;
Or tiens cette aiguillette ;
Elle te servira trop.
Laissez paître vos bêtes, etc.

Comment Guillot ne viens-tu pas ?
Eh oui, j'y vais tout l'entre-pas,
Tu n'entends pas du tout mon cas,
J'ai au talon des mules,
Par quoi je ne puis plus trotter,
Prises m'ont les froidures,
En allant étraquer.
Laissez paître vos bêtes, etc.

Marche devant, pauvre Mulard,
Et t'appuie sur ton billard ;

Et toi, Coquart, vieux Loricard,
 Tu dusses avoir grande honte
 De rechigner ainsi des dents;
 Je n'en tiendrai point compte,
 Au moins devant les gens.
 Laissez paître vos bêtes, etc.

Nous courûmes de telle roideur,
Pour voir notre doux Rédempteur,
Vrai créateur réformateur;
 Il avait, Dieu le sache,
De drapeaux assez grand besoin,
 Il gissait dans la crèche,
 Dessus un peu de foin.
 Laissez paître vos bêtes, etc.

C'était le plus pauvre logis
Où oncque femme pût gésir;
Par mon avis je m'ébahis
 Comme elle y pouvait être,
Vu que dedans frappait le vent
 Comme dedans une haire,
 Aussi facilement,
 Laissez paître vos bêtes, etc.

Or nous avions un gros paquet
De vivres pour faire un banquet;
Mais le muguet de Jean Huguet
 Et une grande levrière
Mirent le pot à découvert;
 Ce fut par la bergère
 Qui laissa l'huis ouvert.
 Laissez paître vos bêtes, etc.

Pas ne laissâmes de gaudir,
Je lui donnai une brebis,
Et au petit fils un mauvis
 Lui donna Perronnelle,
Et Margot lui donna du lait
 Tout plein une écuelle,
 Couverte d'un volet.
 Laissez paître vos bêtes, etc.

Or prions tous le rois des rois
Qu'il nous donne à tous bon Noël
Et bonne paix, de nos méfaits
 Ne veuille avoir mémoire;
Nos péchés nous pardonner;
 A ceux du purgatoire

Leurs péchés effacer.
Laissez paître vos bêtes, etc.

XVII

AIR *des pèlerins de Saint-Jacques.*

Voici le jour de la naissance
  Du fils de Dieu;
En signe de réjouissance,
  Dans ce saint lieu,
Chantons d'un air mélodieux
  Quelque cantique
Qui plaise au monarque des cieux
  Par sa douce musique.

Ou plutôt faisons un voyage
  Dévotement
En Bethléem, ce lieu sauvage,
  Extrêmement
Où Jésus, notre Rédempteur
  Et notre maître,
Malgré l'hiver et sa rigueur,
  Aujourd'hui voulut naître.

Oh! que cette étable est déserte!
  Qu'il y fait froid!
De tous côtés elle est ouverte
  Jusques aux toits,
Et n'est endroit par où le vent
  N'entre et ne sorte;
Je ne vois pas de contrevents,
  Non, pas même de porte.

Comment en cette affreuse étable,
  Dites un peu,
Pouvez-vous, monarque adorable,
  Naître sans feu?
Comment avec si peu de soin,
  Grand roi des anges,
Vous laisse-t-on dessus le foin,
  Trembler dedans vos langes?

Il faut bien, monarque suprême,
  Que votre amour
Pour tous les hommes soit extrême
  En ce saint jour,
De souffrir pour eux en ce lieu,

Malgré leur haine,
Vous qui pouviez, en tant que Dieu
N'en point avoir la peine.

Pour moi, je vous remercie,
Mon bon Jésus,
Et vous prierai toute ma vie,
Tant que rien plus,
Que vous vouliez toucher mon cœur
De tant de grâces,
Qu'il puisse toujours, mon Sauveur,
Voler dessus vos traces.

XVIII

Air *joyeux*.

Quand Dieu naquit à Noël,
Dedans la Judée,
On vit, ce jour solennel,
La joie inondée ;
Il n'était petit ni grand
Qui n'apportât son présent ;
Et n'o, n'o, n'o, n'o,
Et n'offrit, frît, frît,
Et n'o, n'o, et n'offrit
Et n'offrit sans cesse
Toute sa richesse.

L'un apportant un agneau,
Avec un grand zèle,
L'autre un peu de lait nouveau
Dedans une écuelle ;
Tel sous ses pauvres habits,
Cachait un peu de pain bis,
Pour la, la, la, la,
Pour la sain, sain, sain,
Pour la, la, pour la sain,
Pour la sainte Vierge,
Et Joseph concierge.

Ce bon père putatif
De Jésus mon maître,
Qu'un pasteur le plus chétif
Désirait connaître,
D'un air obligeant et doux,
Recevait les dons de tous,

Sans cé, cé, cé, cé,
Sans ré, ré, ré, ré,
Sans cé, cé, sans ré, ré,
Sans cérémonie,
Pour le fruit de vie.

Il ne fut pas jusqu'aux rois
  Du rivage more,
Qui joints au nombre de trois,
  Ne vinrent encore ;
Ces bons princes d'Orient,
Offrirent en le priant,
    L'en, l'en, l'en, l'en, l'en,
    Cens, cens, cens, cens, cens,
    L'en, l'en, l'en, cens, cens, cens,
    L'encens et la myrrhe,
    Et l'or qu'on admire.

Quoiqu'il n'en eût pas besoin,
  Jésus notre maître
  En prit avec grand soin,
  Pour faire connaître
Qu'il avait les qualités
Par ces dons représentées,
    D'un vrai, vrai, vrai, vrai,
    D'un roi, roi, roi, roi,
    D'un vrai, vrai, d'un roi, roi,
    D'un vrai roi de gloire,
    En qui l'on doit croire.

Plaise à ce divin enfant
  Nous faire la grâce
Dans son séjour triomphant
  D'avoir une place ;
Si nous y sommes jamais,
Nous goûterons une paix
    De lon, lon, lon, lon,
    De gue, gue, gue, gue,
    De lon, lon, de gue, gue,
    De longue durée,
    Dans cet empyrée.

XIX

Air *connu*.

Fidèles pastoureaux, venez tous avec moi.
  Baiser les pieds de notre petit roi :

Venez, pasteurs, voir cet enfant aimable,
Que vos péchés ont mis dans une étable.

Ses petits yeux mouillés, qui répandent des pleurs,
Pleurent nos maux, et non pas ses douleurs,
Sa charité surpasse ses souffrances,
Et sa bonté le réduit à l'enfance.

Cette bouche, qu'un sein honnête et virginal
Remplit d'un lait plus pur que le cristal,
Est le siége de la force immortelle,
Même de la sapience éternelle.

Ses deux petites mains, où l'on voit seulement
L'activité d'un faible mouvement,
Ont donné l'être à la machine ronde,
Et ont tiré du néant ce grand monde.

Ses petits pieds tout nus, captifs en ses drapeaux,
Ont arrêté l'inconstance des eaux,
Et ont trouvé sous une glace humide
La fermeté d'un plancher bien solide.

Anges, le souffrez-vous? descendez promptement,
Quittez le ciel, quittez le firmament,
Rendez-vous-y dans cette grotte sombre,
Vous y verrez un beau soleil à l'ombre.

Toutefois, beaux esprits, ne nous l'emportez pas.
Notre salut dépend de son trépas;
Laissez-le-nous ce Sauveur débonnaire
Qui doit passer de la crèche au Calvaire.

XX

Air : *Laissez paître vos bêtes.*

Un Dieu brise nos chaînes,
Que ferons-nous à notre tour?
Portons-lui, pour étrennes,
Des cœurs remplis d'amour.

Qu'il est charmant
Ce tendre amant!
Faisons-lui voir en ce moment
Un amoureux empressement.
Un Dieu, etc.

Peuples et rois,
Hôtes des bois,
Unissez-vous tous à la fois,
A nos concerts joignez vos voix.
Un Dieu, etc.

Sacrés prélats,
Hâtez vos pas,
Accourez tous, ne tardez pas,
A voir un Dieu si plein d'appas.
Il a brisé, etc.

Maîtres divers
De l'univers,
Passez les monts, passez les mers,
Pour voir le vainqueur des enfers.
Un Dieu, etc.

Appui des lois,
Digne du choix.
Que font de vous les plus grands rois,
Quittez nos villes pour nos bois.
Un Dieu, etc.

Bourgeois, marchands,
Vous, artisans,
Venez, tant riches qu'indigents,
Pour seconder nos tendres chants.

Un Dieu brise nos chaînes,
Que ferons-nous à notre tour?
Portons-lui pour étrennes
Des cœurs remplis d'amour.

XXI

Trois illustres mages
Dont l'auguste front
Fait connaître ce qu'ils sont,
Rendent leurs hommages
Au roi sans second.

Faut-il d'autres marques
De votre grandeur ;
A vos pieds, divin Sauveur,
Voilà trois monarques
Qui vous font honneur.

Ils ont, trois mages,
Un savoir profond :
Mais votre grandeur confond
L'esprit des plus sages,
Tout savants qu'ils sont.

Ils pouvaient apprendre
Votre dignité,

Et votre divinité,
Sans pouvoir comprendre
Son immensité.

XXII

AIR *connu.*

Quoi, ma voisine, es-tu fâchée?
    Dis-moi pourquoi.
Veux-tu venir voir l'accouchée,
    Toi quant et moi?

C'est une dame fort discrète,
    Ce m'a-t-on dit,
Qui nous a produit le prophète,
    Longtemps prédit.

Je le veux, allons, ma commère,
    C'est mon désir;
Nous verrons l'enfant et la mère,
    Tout à loisir.
N'aurons-nous pas de la dragée
    Et du gâteau?
La salle est-elle bien parée?
    Y fait-il beau?

O ma commère! tu te trompes
    Fort lourdement;
Elle ne cherche pas la pompe
    Ni l'ornement,
Puisqu'elle ne veut qu'une étable
    Pour se ranger.
Où l'on ne voit ni lit ni table
    Pour y manger

Du moins est-elle bien coiffée
    De fins réseaux,
Et sa couche est-elle étoffée
    De beaux rideaux?
Son ciel n'est-il pas de brodure
    Tout campané,
Et n'a-t-il pas pour sa parure
    L'or basané?

Elle a pour sa belle couche,
    Dedans ce lieu,
Le tronçon d'une vieille souche,
    Tout au milieu.

Le mur lui sert d'une custode;
  Et pour son ciel,
Il est fait à la pauvre mode,
  De chaume vieil.

Mais il faut bien que cette femme
  Ait un berceau
Pour bercer l'objet de sa flamme,
  L'enfant nouveau :
N'a-t-elle pas garde et servante
  Pour le tenir?
N'est-elle pas assez puissante,
  D'y survenir?

L'enfant a pour berceau la crèche
  Pour sommeiller,
Avec un botteau d'herbe sèche
  Pour oreiller;
Elle a pour sa garde chérie
  Son cher baron,
Près d'un bœuf, dans cette écurie,
  Et d'un ânon.

Tu me dégoûtes, ma voisine,
  D'aller plus loin
Pour voir une femme mesquine
  Dessus le foin;
Pour moi, qui ne suis que bergère,
  Suis beaucoup mieux
Que non pas cette ménagère
  Sous ces toits vieux.

Ne parle pas ainsi, ma voisine,
  Mais par ma faveur,
Crois-moi, c'est la mère divine
  Du vrai Sauveur,
Qui veut pour nous humblement naître
  Dans ce saint jour,
Afin de nous faire connaître,
  Son grand amour.

Nous vous prions, très-digne mère
  Du roi des cieux,
De nous délivrer de misère
  Dans ces bas lieux,
Et d'obtenir pour nous la grâce
  De votre fils;
De le voir un jour face à face
  En paradis.

XXIII

Air *des bourgeois de Chartres.*

Les Bourgeois de Nantes,
Ne soyez en souci,
Que votre joie augmente
Cette journée ici,
Que naquit ce Dieu, fils
De la Vierge Marie,
Près le bœuf et l'ânon, don, don,
De Jésus accoucha, la, la,
Dans une bergerie.

Des anges de lumières
Ont chanté divers tons,
Aux bergers et bergères
Qui gardaient leurs moutons,
Parmi tous ces cantons,
Vont à l'entour de l'onde,
Disant que ce mignon, don, don,
Etait né près de là, la, la,
Pour le salut du monde.

Ils prennent leurs houlettes
Avec empressement,
Leurs hautbois, leurs musettes,
Et s'en vont promptement
Tout droit à Saint-Clément
A travers la montagne,
Etant tous réjouis, ravis,
D'aller voir cet enfant naissant,
Joseph et sa compagne.
De Saint-Donatien, la bande
Vint en procession,
Et traversa la lande
Sans faire station
Ni la collation,
Dansant à l'harmonie
Que faisaient les pasteurs chanteurs,
Lesquels n'étaient pas las, la, la,
De faire symphonie.

Maître Julien Valaire,
Du quartier Saint-Denis,
Fit porter, pour mieux braire,
Du vin de son logis;
Ses enfants réjouis,

Toute cette nuitée,
Se sont mis à crier, chanter,
Ut, ré, mi, fa, sol, la, la, la.
A gorge déployée.

Lorsqu'on vidait la coupe,
Un nommé Desaveaux
Faisait la bonne soupe
Avec force naveaux,
Poulets et pigeonneaux,
Pour faire grande chère,
Outre des hallebrans, faisans,
Qu'apporta Jean Badot, point sot,
A Jésus et sa mère.

Comme on était à table,
Un garçon de Nevers,
Sur un luth agréable,
Chanta mille beaux airs,
Sur tous les tons divers,
Mêlant sa chanterie,
De trompette et clairon, don, don,
Avec l'Alleluia, la, la,
A Joseph et Marie.

Tous prièrent de grâce,
Et la mère et le fils,
De leur faire avoir place
Dedans son paradis,
Ce qu'ils leur ont promis;
Et puis chacun s'apprête
D'aller vers son canton, don, don,
Qui de ci, qui de là, la, la,
En faisant bon fète.

XXIV

AIR : *Préparons-nous à la fête nouvelle.*

Rassemblons-nous dans ces douces retraites,
Prenons nos hautbois, nos musettes,
Mêlons, mêlons nos voix au son des chalumeaux,
Chantons, chantons les airs les plus nouveaux.

Le roi des rois a quitté son tonnerre,
Son fils rend la paix à la terre;
Le ciel nous est propice, il calme son courroux,
Sitôt qu'il voit son maître parmi nous.

Il vient à nous, c'est l'amour qui l'appelle,
Du sein de sa gloire immortelle;

Ah! que ce jour pour nous est un jour glorieux!
La terre, enfin, s'unit avec les cieux.

Solennisons par des cris d'allégresse,
L'excès de l'amour qui le presse;
Il a quitté les cieux pour sauver l'univers,
Son premier soin est de briser nos fers.

Oh! quel bonheur! et qui peut le comprendre?
Quels biens ce grand Dieu va nous rendre!
Pour nous donner la vie, il combattra la mort,
Et du naufrage il va nous mettre au port.

Affreux tyran de l'empire des ombres,
Gémis dans tes creux les plus sombres;
C'est redoubler tes maux que de combler nos vœux,
Notre bonheur te rend plus malheureux.

Il est ton maître, il s'oppose à ta rage;
C'est lui qui commande à l'orage;
Les flots, tout furieux, se calment à sa voix,
Et les enfers fléchissent sous ses lois.

Nous triomphons, et tu vois notre gloire,
Nos chants sont des chants de victoire,
Et par un heureux sort, dont tu deviens jaloux,
Le Tout-Puissant a combattu pour nous.

Il veut lui-même expier notre crime,
Lui-même il en est la victime;
Pour apaiser son père, il daigne s'immoler;
Je vois son sang qui brûle de couler.

Ah! puisqu'enfin son heureuse naissance
Nous rend notre chère innocence,
Pour n'être pas ingrats après tant de bienfaits,
Gardons-la mieux, ne la perdons jamais.

Monstre cruel, seul auteur de nos peines,
Péché, nous sortons de tes chaînes,
C'est trop longtemps gémir dans ta captivité.
Ce jour heureux nous rend la liberté.

Dieu rédempteur qui finis nos alarmes,
Après ce bonheur plein de charmes,
L'amour, dans tous les cœurs imprime cette loi.
Et c'est de vivre et de mourir pour toi.

XXV

Air : *Or, nous dites, Marie, ou Joseph, etc.*

Chantons, je vous en prie,
Par exaltation.

En l'honneur de Marie,
Pleine de grand renom.

Pour tout humain lignage
Jeter hors de péril,
Fut transmis un message
A la Vierge de prix.

Nommée fut Marie,
Par destination,
De royale lignée,
Par génération.

Or, nous dites, Marie,
Qui fut le messager
Qui porta la nouvelle
Pour le monde sauver.

Ce fut Gabriel ange,
Que sans dilatation,
Dieu envoya sur terre
Par grande compassion.

Or, nous dites, Marie,
Que vous dit Gabriel,
Quand porta la nouvelle
Du vrai Dieu éternel?

Dieu soit en toi, Marie,
Dit sans dilatation;
Tu es de grâce remplie,
Et de bénédiction.

Or, nous dites, Marie,
Où étiez-vous alors,
Quand Gabriel archange
Vous fit un tel rapport?

J'étais en Galilée,
Plaisante région,
En ma chambre enfermée,
En contemplation.

Or, nous dites, Marie,
Cet ange Gabriel
Ne dit-il autre chose
En ce salut nouvel?

Tu concevras, Marie,
Dit-il sans fiction,
Le fils de Dieu t'assure,
Et sans corruption.

Or, nous dites, Marie,
En présence de tous,
A ces douces paroles,
Que répondîtes-vous?

Comment pourrait se faire,
Qu'en telle nation,
Le fils de Dieu, mon père,
Prenne incarnation?

Or, nous dites, Marie,
Vous sembla-t-il nouvel
D'ouïr telle parole
De l'ange Gabriel?

Oui, car de ma vie
Je n'eus intention
D'avoir d'homme lignée,
Ni copulation

Or, nous dites, Marie,
Que vous dit Gabriel,
Quand vous fûtes ébahie,
De ce salut nouvel?

Marie, ne te soucie,
C'est l'obombration
Du Saint-Esprit, ma mie,
Et l'opération.

Or, nous dites, Marie,
Crûtes-vous fermement
Ce que l'ange vint dire,
Sans nul empêchement?

Oui, disant à l'ange
Sans autre question,
Soit faite et accomplie
Ton annonciation.

Or, nous dites, Marie,
Les neuf mois accomplis,
Naquit le fruit de vie,
Comme l'ange avait dit?

Oui, sans nulle peine,
Et sans oppression,
Naquit de tout le monde
La vraie rédemption.

Or, nous dites, Marie,
Le lieu impérial
Fut-ce en chambre garnie,
Ou en palais royal?

En une pauvre étable
Ouverte à l'environ,
On n'avait feu ni flamme,
Ni latte, ni chevron.

Or, nous dites, Marie,
Qui vous vint visiter?
Les bourgeois de la ville
Vous ont-ils rien donné?

Oncque, homme ni femme,
N'en eut compassion,
Non plus que d'un esclave
D'étrange région.

Or, nous dites, Marie,
Les laboureurs des champs
Vous ont-ils visitée,
Et aussi les marchands?

Je fus abandonnée
De telle nation,
Et d'eux en la nuitée
N'eus consolation.

Or, nous dites, Marie,
Les pauvres pastoureaux
Qui gardaient ès montagnes
Leurs brebis et agneaux?

Ceux-là m'ont visitée
Par grande compassion;
Moult me fut agréable
Leur visitation.

Or, nous dites, Marie,
Les princes et les rois,
Votre enfant débonnaire
Le sont-ils venus voir?

Trois rois de haut parage
D'étrange région,
Lui vinrent rendre hommage
En grande obligation.

Or, nous dites, Marie,
Que devint cet enfant?
Tant comme il fut en vie,
Fut-il homme savant?

Homme de sainte vie
Et de dévotion,

Était, je vous affie,
Sans nulle abusion.

Or, nous dites, Marie,
Puisque l'enfant fut né,
Tant comme il fut en vie,
Fut-il du monde aimé?

Oui, n'en doutez mie,
Hors de la nation
Des faux juifs pleins d'envie
Et de déception.

Or, nous dites, Marie,
Ces faux juifs malheureux,
Lui portaient-ils envie
Tant qu'il fut avec eux?

Telle envie lui portèrent,
Et sans occasion,
Que souffrir ils lui firent
Cruelle passion.

Or, nous dites, Marie,
Sans plus en enquérir,
Ces faux juifs, pleins d'envie,
Le firent-ils mourir?

Oui, de mort amère,
Par grande détraction.
En une croix cloué,
Et entre deux larrons.

Or, nous dites, Marie,
En étiez-vous bien loin?
Fûtes-vous là présente?
En vîtes-vous la fin?

Oui, là, éplorée,
Par grande affliction,
Dont souvent fus pamée,
Et non pas sans raison.

Nous vous prions, Marie,
De cœur très-humblement,
Que nous soyez amie
Vers votre cher enfant.

Afin qu'en la journée,
Que tous jugés seront,
Puissions être à la dextre,
Là sus avec les bons.

———

XXVI

Air : *Le gas de Campagna.*

Noël, Noël, Noël,
Chantons, je vous en prie,
Un noël nouvellet,
Pour l'amour de Marie,
Qui a, je vous affie,
Porté l'Emmanuel
Qui nous a donné vie,
Et racheté d'enfer.

Le fruit qu'Adam mangea
En paradis terrestre,
A mort nous condamna;
Mais Dieu, le roi céleste,
Considéra la peine
Où tous nous étions,
Il a pris chair humaine,
Comme écrit nous trouvons.

Pour cinq mille ans, ou plus,
Nous fut fermée la porte
Du paradis, là sus;
Mais la miséricorde
De Dieu qui nous accorde,
Fit descendre Jésus,
Qui fit notre concorde,
Et mit le diable nu.

Gabriel, messager
Du roi incomparable,
Est venu annoncer
A la vierge notable
Chose bien véritable,
Qu'elle concevrait
Un fils moult honorable,
Qui nous rachèterait.

La Vierge ébahie,
Entendant la nouvelle
Que lors l'ange lui dit :
Hélas ! est-ce, dit-elle;
Comment se pourrait faire?
Car jamais nullement
Oncques je n'eus affaire
A nul homme vivant.

Gabriel lui a dit :
Marie, soyez joyeuse.

Quand descendra l'Esprit
Dedans vous, soyez sûre,
Et sans faire ouverture
En vous aucunement,
Toujours vous serez pure
Après comme devant.

La Vierge répondit :
Dieu en cette manière
Fasse son bon plaisir,
Je suis sa chambrière;
Et en icelle Vierge
Le Saint-Esprit descend,
Le porta sans misère
Et sans corrompement.

Neuf mois il reposa
Au ventre de la Vierge;
Et puis elle l'enfanta
En une pauvre crèche,
Ayant la chaleur chère
Du bœuf et de l'ânon,
Sans feu ni sans lumière
Il naquit, ce croyons.

Prions tretous Jésus,
Qui est né de Marie,
Qu'au jour du jugement
Nous soyons dans son livre,
Et puissions si bien vivre,
Si bien et justement,
Qu'à la fin de la vie
Nous n'ayons sauvement.
Amen. Noël.

XXVII

Air : *Or sus, sortez, bergers, etc.*

J'ai ouï le chant d'un ange,
Le plus doux que j'ai ouï,
Volant sur notre grange,
Qui m'a tout réjoui;
Or sus, sortez, or sus, sortez, bergers,
Bergers, sortez d'ici.

En Bethléem Judée,
Allez voir Jésus-Christ,
Qui est né cette nuitée.

Comme il était écrit.
Or sus, etc.

Il est né de pucelle,
Pucelle et mère aussi;
La bonne demoiselle
A beaucoup de souci.
Or sus, etc.

Quand j'ouïs la nouvelle,
Je fus tout ébahi;
Je chante, saute et vole,
Et huche à l'étourdi.
Or sus, etc.

Aussitôt une bande
De bergers bien jolis,
Viennent sans qu'on les mande,
Sautent haies et paillis.
Or sus, etc.

Quand nous fûmes en la place
Où le Sauveur naquit,
Chacun de bonne grâce
Vers lui fait son acquit.
Or sus, etc.

Huguet de sa bouroche
Tire deux gros mauvis,
Du petit fils s'approche,
Et se mit vis-à-vis.
Or sus, etc.

Tenez, dit-il, beau sire,
Ce beau présent ici,
Vous êtes, pour vrai dire,
Issu du Saint-Esprit.
Or sus, etc.

Après, chacun s'efforce
De donner au petit,
Pommes et noix à force.
Pour donner appétit.
Or sus, etc.

L'aube du jour s'apprête,
Qui nous contraint de sortir.
Chacun fait sa requête
Avant que de partir.
Or sus, etc.

Le long d'une vallée,
Je vis trois rois venir,

Courant bride avalée,
D'or, myrrhe, encens, garnis.
Or sus, etc.

Hérode crève dire,
Et n'a ses sens rassis,
Innocens fait occire
Des mille plus de six.
Or sus, etc.

Joseph craignant son rire,
Lui et les siens s'enfuit,
En Egypte se retire,
Où l'ange le conduit.
Or sus, etc.

Prions tous le bon sire
Pardonner nos mal dits,
Et que puissions tous dire
O lui en paradis!
Or sus, etc.

XXVIII

AIR : *Or, nous dites, Marie, ou Joseph, etc.*

Célébrons la naissance,
Nostri salvatoris,
Qui fait la complaisance
Dei sui patris.
Cet enfant tout aimable,
In nocte media,
Est né dans une étable
De casta Maria.

Cette heureuse nouvelle,
Olim pastoribus,
Par un ange fidèle,
Fuit nunciatus;
Leur disant : Laissez paître
In agro viridi;
Venez voir votre maître,
Filiumque Dei.

A cette voix céleste,
Omnes hi pastores,
D'un air doux et modeste,
Et multum gaudentes,
Incontinent marchèrent,
Relicto pecore,

Tous ensemble arrivèrent
In Bethleem Judœ.

Le premier qu'ils trouvèrent,
Intrantes stabulum,
Fut Joseph, ce bon père,
Senio confectum,
Qui, d'ardeur non pareille,
It obviam illis,
Les reçoit, les accueille,
Expansis manibus.

Il fait à tous caresse;
Et in præsepio,
Fait voir plein d'allégresse
Matrem cum filio.
Ces bergers s'étonnèrent,
Intuentes eum,
Que les anges révèrent,
Pannis involutum.

Lors ils se prosternèrent
Cum reverentia,
Et tous ils adorèrent,
Pietate summa,
Ce Sauveur tout aimable,
Qui homo factus est,
Et qui dans une étable
Nasci dignatus est.

D'un cœur humble et sincère,
Suis muneribus,
Ils donnèrent à la mère
Et filio ejus,
Des marques de tendresse,
Atque his peractis,
Font voir leur allégresse.
Hymnis et canticis.

Mille esprits angéliques,
Juncti pastoribus,
Chantent dans leur musique,
Puer vobis natus,
Au Dieu par qui nous sommes,
Gloria in excelsis,
Et la paix soit aux hommes
Bonæ voluntatis.

Jamais pareilles fêtes,
Judicio omnium,

Même jusqu'aux bêtes
Testantur gaudium;
Enfin cette naissance
Cunctis creatoris,
Donne réjouissance
Et replet gaudiis.

Qu'on ne soit insensible,
Adeamus omnes,
De Dieu rendu paisible,
Propter nos mortales,
Et tous de compagnie,
Exhortemur eum,
Qu'à la fin de la vie,
Det regnum beatum.

XXIX

Air : *Le printemps rappelle aux armes.*

Un Dieu naît dans la misère,
    Ah! quel mystère,
Un Dieu naît dans la misère,
    Que de grandeur!
Amour, seul tu pouvais faire
Ce prodige en ma faveur.

C'était donc dans la bassesse
    Et la faiblesse,
C'était donc dans la bassesse
    Qu'on devait voir
Un vainqueur qui par tendresse
Veut bien borner son pouvoir.

On voit même à sa naissance
    Malgré l'enfance,
On voit même à sa naissance
    Sa majesté,
Des prodiges d'abondance
Trahir son humilité.

Malgré la nuit la plus noire,
    Ici sa gloire,
Malgré la nuit la plus noire,
    Sans éclater,
Les anges chantent victoire,
Les rois viennent l'adorer.

Il est donc parmi ses langes,
    Le roi des anges;

Il est donc parmi ses langes,
   Le Tout-Puissant,
Et digne de nos louanges,
Comme dans le firmament.

Courons prouver notre zèle,
   Troupe fidèle,
Courons prouver notre zèle,
   Et notre amour,
D'une ardeur toujours nouvelle,
Pour lui brûlons nuit et jour.

XXX

PROTESTATION D'UN CHRÉTIEN A JÉSUS-CHRIST NAISSANT

Air : *Charmante Gabrielle.*

Reçois, enfant aimable,
L'hommage de mes vœux ;
Mon sort fut déplorable,
Tu viens me rendre heureux,
Quels bienfaits par ta naissance
   Je vais goûter !
Que ma reconnaissance
   Doit éclater !

J'étais dans l'esclavage
   Du tyran des enfers ;
Mais ton premier ouvrage,
C'est de briser mes fers ;
Quelque pouvoir qu'assemble
   L'affreux démon,
Il est soumis, il tremble,
   A ton seul nom.

Par son amour extrême,
Les cieux s'ouvrent pour moi ;
J'y vois un Dieu qui m'aime,
Je ne sens plus d'effroi,
Un Dieu sèche mes larmes,
   C'est pour jamais ;
Il finit mes alarmes,
   Je vis en paix.

Et la paix et la guerre
Dépendent de tes mains ;
Tu descends sur la terre,
Pour sauver les humains ;

Tu nais dans une crèche,
    Oh l'heureux jour!
C'est là que tu nous prêches
    Ton tendre amour.

Tu nous chéris en père,
Qui peut nous alarmer?
Contre une main si chère,
L'enfer a beau s'armer,
Par toi les faibles hommes
    Sont triomphants
L'enfer voit que nous sommes
    Tes vrais enfants.

Ah! qu'il a de puissance
Cet amour paternel!
Lui seul rend l'innocence
A l'homme criminel;
Par lui notre héritage
    Nous est rendu;
Sans lui ce doux partage
    Etait perdu.

A cet amour si tendre
Que ne devons-nous pas?
Sur nous il vient répandre,
Des biens remplis d'appas.
Ah! qu'il nous doit confondre
    Par ses faveurs!
C'est à nous d'y répondre,
    Reçois nos cœurs.

Nous t'aimerons sans cesse,
Pour prix de tes bienfaits;
Le zèle qui nous presse
Ne s'éteindra jamais;
C'est notre unique envie
    Dans ce séjour,
Et nous perdrons la vie
    Pour ton amour.

XXXI

UN PASTEUR, REVENU DE L'ÉTABLE,

ÉVEILLE SON VOISIN POUR L'ENGAGER A ALLER VOIR
NOTRE-SEIGNEUR

Air : *Voilà, mon cousin, l'allure.*

Promptement levez-vous,
    Mon voisin.

Le Sauveur de la terre,
Est enfin parmi nous,
Mon voisin,
Envoyé de son père,
Mon voisin;
Allez, mon voisin, à la crèche,
Mon voisin,
Courez, mon voisin, à la crèche.

Veillant sur mon troupeau,
Mon voisin,
Autour de ce village,
J'entends un air nouveau,
Mon voisin,
Et du plus doux langage,
Mon voisin;
Allez, mon voisin, etc.
Courez, mon voisin, etc.

Rempli d'étonnement,
Mon voisin,
Je laisse ma houlette,
Pour voir ce Dieu naissant,
Mon voisin,
Accomplir le prophète,
Mon voisin;
Allez, mon voisin, etc.
Courez, mon voisin, etc.

Dans l'admiration,
Mon voisin,
Entrant dedans l'étable,
J'adore ce poupon,
Mon voisin,
Mon Jésus ineffable,
Mon voisin;
Allez, mon voisin, etc.
Courez, mon voisin, etc.

Après quelques moments,
Mon voisin,
Ayant fait ma prière,
Je porte mes présents,
Mon voisin,
A l'enfant et la mère,
Mon voisin;
Allez, mon voisin, etc.
Courez, mon voisin, etc.

Je ne suis point trompeur,
   Mon voisin,
Les choses sont certaines,
Notre divin Sauveur,
   Mon voisin,
Finit toutes nos peines,
   Mon voisin;
Allez, mon voisin, etc.
Courez, mon voisin, etc.

   Mon Dieu manque de tout,
   Mon voisin,
Portez lui quelque chose;
S'il souffre, c'est pour nous,
   Mon voisin,
Nous en sommes la cause,
   Mon voisin;
Allez, mon voisin, etc.
Courez, mon voisin, etc.

   Choisissez le meilleur,
   Mon voisin,
De votre bergerie;
Donnez-le de bon cœur,
   Mon voisin,
A Joseph et Marie,
   Mon voisin;
Allez, mon voisin, etc.
Courez, mon voisin, etc.

   L'enfer est confondu,
   Mon voisin,
Le ciel a la victoire,
Du Messie attendu,
   Mon voisin,
Chantons, chantons la gloire,
   Mon voisin;
Allez, mon voisin, etc.
Courez, mon voisin, etc.

XXXII

Air : *De tous les temps le jardinage.*

Jésus naît dans le silence,
Venez chanter sa naissance,
Pasteurs des lieux d'alentour,
Et laissez vos troupeaux paître,

Pour adorer votre maître,
Et lui montrer votre amour.

Chaque juste et patriarche,
A commencer depuis l'arche,
Ne soupirait que pour lui ;
Dans leur sombre solitude,
Montrant leur inquiétude,
Dieu fut touché de leur cri.

Pour accomplir ce mystère,
Il se sert du ministère
De l'archange Gabriel,
Qui, s'adressant à Marie,
Lui dit que le vrai Messie,
Vient délivrer Israël.

Bien plus, qu'il la fera mère,
Du doux Sauveur de la terre,
Par l'œuvre du Saint-Esprit ;
A cette sainte parole,
La pucelle se console,
Dès lors conçoit Jésus-Christ.

La Vierge est dans le silence,
Joseph ne sait ce qu'il pense
De ce prodige caché ;
Mais l'ange lui dit en songe,
Ce ne fut pas un mensonge,
Mais la pure vérité.

Croyez-moi sur ma parole,
Et de l'un à l'autre pôle,
On entendra dans les airs
Chanter un charmant cantique,
Par un concert angélique,
Gloire au Dieu de l'univers.

Marie est juste et sincère,
Quoique Vierge, elle est la mère
De mon Dieu, de l'Eternel,
Qui ne vient dans ce bas monde,
Quoique le Tartare gronde,
Que pour sauver Israël.

A ces mots, Joseph s'éveille,
Charmé de cette nouvelle,
Il en rend grâces au ciel,
Il adore ce mystère,
Et prend grand soin de la mère
Du petit Emmanuel.

les Limbes.

Prions la Vierge de grâce,
Et son fils, pour qu'il nous place,
Au séjour des bienheureux,
Afin qu'aux pieds de Marie,
Nous chantions en l'autre vie,
Gloire au monarque des cieux.

XXXIII

L'ÉTONNEMENT DE SAINT JOSEPH,

ET LA JOIE QU'IL EUT EN MÊME TEMPS DE L'AVÉNEMENT DU
SAUVEUR DU MONDE, DONT LA VENUE FUT LA FIN D'UNE
PARTIE DE SES TRAVAUX ET DE SES PEINES.

AIR : *Lantire lire, lan, la.*

Joseph fut bien étonné,
Alors qu'il vit dans l'étable,
Le fils de Dieu nouveau-né
De son épouse adorable :
    Voici, dit-il,
Voici, dit-il, voici
Le Sauveur du monde aimable,
Qui m'a donné du souci.

Qui m'a donné du souci,
Et m'a donné de la crainte,
Lorsqu'en Égypte, d'ici,
J'ai conduit sa mère sainte,
    Bien sûrement,
Bien sûrement aussi,
J'ai conduit sa mère sainte,
Alors enceinte de lui.

Alors enceinte de lui,
Dont j'avais de la tristesse ;
Car nul habitant d'ici
Ne recevait sa maîtresse :
    Chacun disait,
Chacun disait adieu,
Ici l'on a trop de presse,
Logez en quelqu'autre lieu.

Logez en quelqu'autre lieu,
On pourra vous faire fêtes ;
Et moi, fiché comme un pieux,
En regardant nos deux bêtes,
    Hélas ! disais-je,
Hélas ! disais-je, hélas !

En regardant nos deux bêtes,
Où tournerons-nous nos pas?

Où tournerons-nous nos pas?
C'est être bien misérable;
Enfin, venant ici-bas,
Je découvris cette étable,
    Et console,
Et console, Dieu,
Notre monarque adorable,
Naquit la nuit en ce lieu.

Ainsi mes travaux passés
Ont passé de ma mémoire;
Je le vois, ce m'est assez,
Naître couronné de gloire :
    Oh! qu'il est doux,
Oh! qu'il est doux, mon Dieu,
De le voir tout plein de gloire,
Naître pour nous en ce lieu.

XXXIV

Air : *Charmante Gabrielle.*

Bel astre que j'adore,
Soleil propice à tous,
C'est vous seul que j'implore,
Je veux n'aimer que vous;
C'est ma plus chère envie,
    Dans ce beau jour,
Où je ne dois la vie
    Qu'à votre amour.

Du fond de votre crèche,
Où vous vous laissez voir,
Votre amour ne me prêche
Qu'un si tendre devoir;
C'est ma plus chère envie, etc.

Pour enflammer mon âme,
Vous descendrez des cieux;
D'une si belle flamme
Que je brûle en ces lieux;
C'est ma plus chère envie, etc.

Le monde ni ses charmes,
Ne peuvent m'enflammer,
Votre amour a des armes,

Qui savent mieux charmer ;
C'est ma plus chère envie, etc.

Je cède à la victoire
De vos charmants attraits,
Vous en avez la gloire,
J'en ressens les bienfaits ;
C'est ma plus chère envie, etc.

Sorti de l'esclavage
Où j'ai longtemps été,
Je vous dois en hommage
Offrir ma liberté ;
C'est ma plus chère envie, etc.

Que votre amour dispose
De mon corps et mon cœur ;
Je ne veux autre chose,
Que d'être à vous, Seigneur ;
C'est ma plus chère envie, etc.

XXXV

SUR L'AMOUR DE JÉSUS,

POUR SERVIR DE PRÉPARATION A LA FÊTE DE NOEL

Air : *Quand le péril est agréable.*

Ah ! j'entends Jésus qui m'appelle,
Que sa voix a pour moi d'appas !
Je suivrai désormais ses pas.
    Et lui serai fidèle.

Je n'ai que trop été rebelle,
Et je rougis de ma langueur,
Défendez-moi contre mon cœur,
    O sagesse éternelle !

Ah ! c'est trop résister, mon âme,
Ne cherchons plus de vains détours ;
Donnons à Jésus nos amours,
    Et brûlons de sa flamme.

Rien, sans Jésus, n'est agréable,
Rien, sans Jésus, ne peut charmer,
Ne peut-on pas toujours l'aimer,
    S'il est toujours aimable ?

Sans doute il est toujours aimable,
Il a toujours de quoi charmer ;
Et je ne vois point, sans l'aimer,
    De plaisir véritable.

Qu'un cœur dont Jésus est le maître,
Sent de douceurs à le servir !
Mais pour goûter ce doux plaisir,
  Il faut bien le connaître.

Jésus peut contenter l'envie
Du plus insatiable cœur,
Il peut seul faire le bonheur
  De la plus longue vie.

Jésus est un riche héritage,
Pour qui sait bien le posséder ;
Mais qui veut longtemps le garder,
  Doit l'aimer sans partage.

Jésus est un Dieu de clémence,
Il peut adoucir tous nos maux,
Et loin de punir nos défauts,
  Il prend notre défense.

Je l'entends ce Dieu qui m'appelle,
Et qui m'invite à son amour,
Pour lui refuser un retour,
  Il faut être infidèle.

Jésus, fixez mon inconstance,
Rendez-vous maître de mon cœur,
Soyez-en toujours le vainqueur,
  Malgré sa résistance.

J'aime Jésus, je veux le suivre :
Peut-on jamais trop le chérir ?
Vivre sans l'aimer, c'est mourir ;
  L'aimer, c'est toujours vivre.

XXXVI

Air *connu.*

Vive le saint enfant Jésus ;   *(Bis)*
C'est le bel amour des élus,
  Je l'aime, je l'aime :
  C'est mon tout, et rien plus ;
  C'est l'amour même.

Que j'aime ce divin enfant !   *(Bis)*
Qu'il est tendre ! qu'il est charmant !
  Je l'aime, je l'aime :
  O l'adorable enfant !
  C'est l'amour même.

Qu'il a le port majestueux !   *(Bis)*
Que ses regards sont gracieux !

Je l'aime, je l'aime;
Quels charmes dans ses yeux!
C'est l'amour même.

Au milieu d'un pauvre appareil,   (*Bis*)
Il est plus brillant qu'un soleil;
Je l'aime, je l'aime;
C'est l'astre sans pareil;
C'est l'amour même.

Le ciel admire sa beauté,   (*Bis*)
L'ange adore sa majesté;
Je l'aime, je l'aime;
Caressons sa bonté,
C'est l'amour même.

Son amour l'a nommé Jésus,   (*Bis*)
C'est le beau miroir des élus,
Je l'aime, je l'aime;
Imitons ses vertus;
C'est l'amour même.

Quoique logé très-pauvrement,   (*Bis*)
Il ne se plaint aucunement;
Je l'aime, je l'aime;
Oh! qu'il est patient!
C'est l'amour même.

Qu'il est paisible en son berceau,   (*Bis*)
Parmi les larmes qu'il est beau!
Je l'aime, je l'aime;
Que c'est un doux agneau!
C'est l'amour même.

Quel exemple de pauvreté,   (*bis.*)
Dans ce grand Dieu de majesté!
Je l'aime, je l'aime;
Oh! quelle humilité!
C'est l'amour même.

Parmi les charmes de sa douceur,   (*Bis*)
Il veut désarmer notre cœur;
Je l'aime, je l'aime;
Oh! l'aimable vainqueur!
C'est l'amour même.

Anges, n'en soyez point jaloux,   (*Bis*)
Nous le disputons avec vous;
Je l'aime, je l'aime;
C'est notre tendre époux,
C'est l'amour même.

Esprits qui lui faites la cour, (*Bis*)
Embrasez-nous de votre amour;
Je l'aime, je l'aime;
Pour chanter nuit et jour,
C'est l'amour même.

XXXVII

LA SAINTE ENFANCE DE JÉSUS,

Air : *Ah! vous dirai-je, maman.*

O vous, dont les tendres ans
Croissent encore innocens!
Pour sauver à votre enfance
Le trésor de l'innocence,
Contemplez l'enfant Jésus,
Et prenez-en les vertus.

Il est votre créateur,
Votre Dieu, votre Sauveur;
Mais il est votre modèle :
Heureux qui lui fut fidèle!
Il eut part à sa faveur,
A ses dons, à son bonheur.

Que touchant est le tableau
Que nous offre son berceau!
O que de leçons utiles
Y trouvent des cœurs dociles!
Accourez, vous tous enfants,
Y former vos jours naissants.

D'un mot seul de l'univers
Il fit les êtres divers.
Quel palais à sa naissance
Eût pu bâtir sa puissance?
Mais, pour nous instruire tous,
Il naît plus pauvre que nous.

Une étable est le séjour
Où Jésus reçoit le jour :
Sous ses langes, de sa crèche
Sa divine loi nous prêche
Que l'indigence, à ses yeux,
Est un riche don des cieux!

Au fond de l'obscurité
Il cache sa majesté;
Mais, sous l'ombre qui la couvre,
L'œil de la foi nous découvre

Qu'un disciple du Sauveur
Ne peut trop fuir la grandeur.

Pourquoi ce froid, ces douleurs,
Ces yeux qui s'ouvrent aux pleurs,
Ce sang qu'il daigne répandre?
N'est-ce point pour nous apprendre
Qu'il faut haïr le plaisir,
Et pour lui vivre et souffrir?

Qui court après les honneurs,
Les richesses, les douceurs,
Et qui nourrit sa jeunesse
Dans une oisive mollesse,
De Jésus n'a point les traits,
Et ne les aura jamais.

De Dieu seul, prêtre immortel,
Du berceau passe à l'autel;
Et législateur et maître,
A la loi va se soumettre,
Prêt à s'immoler un jour
Pour son père et notre amour.

A lui seul, cœurs innocens,
Donnez vos premiers instants,
Et vouez à sa loi sainte
Une filiale crainte;
Rien ne plaît plus au Seigneur
Que le don d'un jeune cœur.

Son domaine tout-puissant
Sur le monde entier s'étend;
Et lui, sous l'obéissance
Pliant son indépendance,
Subit, monarque éternel,
Le joug d'un prince mortel.

Il naît à peine, et naissant
Il veut fuir obéissant :
Trente ans, dans un vil asile,
L'ont vu fidèle, docile,
Exact, obéir toujours
Aux saints gardiens de ses jours.

Si par un départ secret,
Il leur laisse un vif regret,
Ils le reverront au temple
Nous montrer, par son exemple,
Qu'on doit pour Dieu tout quitter.
Qui de nous sut l'imiter?

Esprit vains, cœurs indomptés,
Captivez vos volontés;
Quand on voit Jésus lui-même,
Jésus, la grandeur suprême,
S'abaisser, s'anéantir,
Peut-on ne pas obéir?
Et vous que l'éclat séduit,
Vous, que le monde éblouit,
Qu'un Dieu, dans une masure,
Coulant une vie obscure,
Vous apprend bien qu'un chrétien
Doit se plaire à n'être rien!
Qu'il est beau de voir ses mains.
Qui formèrent les humains,
Se prêter aux œuvres viles,
Aux travaux les plus serviles,
Et rendre à jamais pour nous
Tout travail louable et doux!
Tout m'instruit dans l'Enfant Dieu :
Son respect pour le saint lieu,
Son air modeste, humble, affable,
Sa douceur inaltérable,
Son zèle, sa charité,
Sa clémence, sa bonté.
Jésus croît, et plus ses ans,
Hâtent leurs accroissements,
Plus l'adorable sagesse,
Qui réside en lui sans cesse,
Dévoile aux yeux des humains
L'éclat de ses traits divins.
Combien en est-il, hélas !
Qui, loin de suivre ses pas,
Vont, croissant de vice en vice,
Aboutir au précipice!
Heureux, seul heureux, qui prend
Pour guide Jésus enfant!

XXXVIII

QUE NOUS NE POUVONS AIMER TROP TENDREMENT LE SAUVEUR

EN RECONNAISSANCE DES BIENS QU'IL NOUS A FAITS

Air : *Où s'en vont ces gais bergers?*

Le Sauveur du genre humain
En ces lieux vient de naître;

Nos malheurs vont prendre fin,
Tout nous le fait connaître;
Nos malheurs vont prendre fin,
Grâce à ce divin maître.

Il triomphe des enfers,
C'est son premier ouvrage;
Le démon nous mit aux fers,
Nous sortons d'esclavage;
Le démon nous mit aux fers,
Bravons sa noire rage.

Le péché fait place enfin
A l'aimable innocence;
D'un réparateur divin,
Nous sentons la clémence;
D'un réparateur divin,
Éclate la puissance.

Ne poussons plus de soupirs,
Ne versons plus de larmes;
Tout répond à nos désirs,
Quel sort a plus de charmes!
Tout répond à nos désirs,
L'enfer nous rend les armes.

Qu'il nous aime tendrement,
Cet enfant adorable!
Qu'il est doux! qu'il est charmant!
Qu'il nous est favorable!
Qu'il est doux! qu'il est charmant!
Il est incomparable.

N'attachons plus notre amour,
Qu'à ce Dieu qui nous aime;
Que chacun l'aime à son tour,
Mais d'un amour extrême,
Que chacun l'aime à son tour,
Il est le bien suprême.

Monde vain, ne prétends plus
Augmenter ton empire;
Tes efforts sont superflus,
Et ta puissance expire;
Tes efforts sont superflus,
Dieu seul peut suffire.

A quoi servent les attraits
Dont tu veux nous surprendre?
Ils sont suivis de regrets,
Tu sais nous l'apprendre:

Ils sont suivis de regrets,
Il faut nous en défendre.
Un plus aimable vainqueur
Nous attaque et nous presse ;
Il demande notre cœur,
Pour prix de sa tendresse ;
Il demande notre cœur,
Qu'il y règne sans cesse.

DIALOGUE

ENTRE JÉSUS-CHRIST ET L'AME,
SUR L'HEUREUSE VENUE DU RÉDEMPTEUR

Air *des bourgeois de Chartres.*

L'AME.

O monarque suprême !
O Dieu de majesté !
Dieu caché dans vous-même,
De toute éternité ;
Enfin, au bout des temps, soyez sensible aux hommes,
Faites-vous voir, et montrez-vous,
Faites-vous enfant, comme nous ;
Soyez ce que nous sommes.

Seigneur, tous nos prophètes
Nous en ont assuré ;
Vérité que vous êtes,
Vous en avez juré ;
Après quoi notre espoir peut-il être frivole ?
Il est écrit ; vous l'avez dit,
Vous l'avez dit, il suffit ;
Dieu garde sa parole.

Seigneur, il faut vous rendre,
Et répondre à nos vœux.

JÉSUS-CHRIST.

Je ne puis m'en défendre,
Je réponds : Je le veux,
Je viens, mais je prétends me choisir ma demeure.

L'AME.

Telle, Seigneur, qu'il vous plaira.

JÉSUS-CHRIST.

Une étable me suffira ;
C'est assez pour cette heure.

L'AME.

Vous qu'un père adorable
Engendre dans son sein,
Naître dans une étable,
Quel est votre dessein?
Pourquoi non dans un lieu pompeux, riche et commode?

JÉSUS-CHRIST.

Je prétends que ma pauvreté
Donne vogue à l'humilité,
Et la mette à la mode.

Je prétends que ma vie
Vous tienne lieu de loi.

L'AME.

Ah! j'en serai ravie,
Et vous, Seigneur, et moi.

JÉSUS-CHRIST.

Il n'est pas malaisé d'imiter ce qu'on aime;
Je souffrirai, vous souffrirez,
Je serai saint, vous le serez
Comme moi tout de même.

L'AME.

Oui, je vous en assure,
Nous en faisons serment;
Seigneur, je vous le jure,
Et malheur à qui ment.
Après quoi dégage la foi de vos prophètes.

JÉSUS-CHRIST.

Sans plus tarder je le ferai,
Et Dieu que je suis, je serai
Plus enfant que vous n'êtes.

FIN DES NOELS.

TABLE DES CANTIQUES

FIN DE LA TABLE DES CANTIQUES.

TABLE DES NOELS

FIN DE LA TABLE DES NOELS.

PARIS. — IMPRIMERIE DE E. MARTINET, RUE MIGNON, 2.

PARIS. — IMPRIMERIE DE E. MARTINET, RUE MIGNON, 2